BEI GRIN MACHT SICH IHR WISSEN BEZAHLT

AF148974

- Wir veröffentlichen Ihre Hausarbeit,
  Bachelor- und Masterarbeit

- Ihr eigenes eBook und Buch -
  weltweit in allen wichtigen Shops

- Verdienen Sie an jedem Verkauf

Jetzt bei www.GRIN.com hochladen und kostenlos publizieren

Marius Hummitzsch

Soziale Sicherheit und Gesellschaftspolitik der sozialliberalen Koalition

GRIN Verlag

Bibliografische Information der Deutschen Nationalbibliothek:

Die Deutsche Bibliothek verzeichnet diese Publikation in der Deutschen National-
bibliografie; detaillierte bibliografische Daten sind im Internet über http://dnb.d-
nb.de/ abrufbar.

Impressum:

Copyright © 2008 GRIN Verlag GmbH
Druck und Bindung: Books on Demand GmbH, Norderstedt Germany
ISBN: 978-3-640-19694-4

Dieses Buch bei GRIN:

http://www.grin.com/de/e-book/117472/soziale-sicherheit-und-gesellschaftspolitik-
der-sozialliberalen-koalition

GRIN - Your knowledge has value

Der GRIN Verlag publiziert seit 1998 wissenschaftliche Arbeiten von Studenten, Hochschullehrern und anderen Akademikern als eBook und gedrucktes Buch. Die Verlagswebsite www.grin.com ist die ideale Plattform zur Veröffentlichung von Hausarbeiten, Abschlussarbeiten, wissenschaftlichen Aufsätzen, Dissertationen und Fachbüchern.

Besuchen Sie uns im Internet:

http://www.grin.com/

http://www.facebook.com/grincom

http://www.twitter.com/grin_com

Hummitzsch, Marius

Justus-Liebig-Universität Gießen

Lehramt(L3) für Politik und Wirtschaft, Geschichte

Fachbereich 3 ; Semester 2

Referatsverschriftlichung

Soziale Sicherheit und Gesellschaftspolitik der sozialliberalen Koalition

Mehr Demokratie wagen- die sozialliberale Koalition

Sommersemester 2008

Abgabetermin 28.07.2008

Inhaltsverzeichnis

1. Einleitung

„Wir wollen mehr Demokratie wagen"[1], unter diesem Leitsatz sollten die umfangreichen Reformabsichten der ersten sozialliberalen Regierung der Bundesrepublik in nahezu allen Lebensbereichen der westdeutschen Bevölkerung zusammengefasst werden. Die Regierung macht es sich dabei zur Aufgabe sowohl bereits- während der Großen Koalition- formulierte Reformvorhaben umzusetzen und ebenso völlig neue Impulse in unter anderem Innen-, Außen-, Umwelt-, oder auch Gesellschaftspolitik zu setzen.

Ziel des Referates ist es gewesen, durch die Auswahl einer geeigneten Form der Gruppenarbeit den Bereich der Gesellschafts- und Sozialpolitik, einerseits innerhalb der Gruppe umfassend zu erarbeiten und andererseits das Plenum mit den Grundelementen der Gesellschaftspolitik unter Brandt aber auch Schmidt vertraut zu machen. Aufgabe der Gruppe ist es dabei gewesen, die konkreten Reformvorhaben zu definieren, deren Umsetzung zu untersuchen und eine eigenständige Bewertung dieser vorzunehmen. Abschließend war es nun das Ziel die gewonnen Erkenntnisse in Form einer selbstgestalteten Zeitung als Endprodukt festzuhalten und somit auch den Erkenntnisgewinn des Plenums zu sichern.

Aufgabe dieser Verschriftlichung ist es nun im Folgenden sowohl die einzelnen Arbeitsschritte der Gruppenarbeit und dessen didaktischen Absichten darzustellen, aber selbstverständlich auch die Gesellschaftspolitik der Koalition SPD/FDP in ihren Grundrissen zu verdeutlichen und abschließend eine Beurteilung dessen vorzunehmen.

2. Konzeption der Gruppenarbeit

2.1. Ablaufplanung

Nach der Einteilung der verschiedenen Gruppen habe ich es mir als Gruppenleiter zur Aufgabe gemacht, die Gruppe mit dem Produkt Zeitung vertraut zu machen. Im Anschluss daran hat die Gruppe gemeinsam ihre Vorstellungen zur äußeren Gestaltung zusammengetragen. Um den Abwechslungsreichtum zu sichern, habe ich mich dazu entschlossen die Gruppe noch einmal in 3 Fraktionen zu teilen, die jede für sich einen anderen Beitrag (z.B. Interview, Zusammenfassung) zur inhaltlichen Gestaltung der Zeitung leisten

---

[1] http://www.dhm.de/lemo/html/dokumente/KontinuitaetUndWandel_erklaerungBrandtRegierungserklaerung196 9/index.html Regierungserklärung. Seite 1

sollte. Anhand der verschiedenen Aufträge haben sich jeweils 2 Studenten nach deren Interessen zusammengefunden und sich durch ausgewählte Ausschnitte aus verschiedenen Quellen- und Literaturbeiträgen mit den entsprechenden Themen vertraut gemacht. So war es Aufgabe der ersten Gruppe sich mit den Reformvorhaben, der zweiten sich mit der Umsetzung und Aufgabe der dritten Gruppe sich mit der Beurteilung der Gesellschafts- und Sozialpolitik der sozialliberalen Koalition zu beschäftigen. Im Anschluss an die Quellenarbeit hatte jede Gruppe Zeit die differenzierten und individuellen Aufgaben umzusetzen, wobei ich als Gruppenleiter die Rolle des Moderators eingenommen habe. Nach der Erstellung der einzelnen Zeitungsbeiträge war es Aufgabe der Gruppe die einzelnen Beiträge zu einem geschlossenen Äußeren zusammenzufügen und das Endprodukt dem Plenum vorzustellen. Aufgrund der Kürze der Präsentationszeit von 5-7 Minuten sollte das Ziel der Präsentation sein, zum einen den Aufbau der Zeitung zu erläutern und somit das Interesse an dieser zu wecken, aber gleichzeitig auch die wesentlichen Fakten und Erkenntnisse zu schildern.

2.2. Didaktisches Potential der Zeitungserstellung

Im Vornherein habe ich mich für die Zeitung als Präsentationsmedium entschieden, da ich in der Entwicklung einer solchen eigenen Zeitung ein enormes didaktisches Potential sehe. Daher möchte ich nun in Kurzform auf meine Beweggründe und die Vor- aber auch Nachteile dieser Technik eingehen. Das Erstellen von Zeitungsbeiträgen eignet sich besonders gut zur Verbesserung der politischen Urteilsfähigkeit der Schüler, hier Studenten.[2] Diese müssen hier zum einen präzise an den vorhandenen Quellen arbeiten und auf der Basis ihrer gewonnen Erkenntnisse je nach Aufgabe beispielsweise Urteile bilden oder die grundlegenden Aspekte zusammenfassen. Dies zeigt, dass die Zeitungserstellung eine hohe Anforderung an die Kompetenzen der Schüler bzw. Studenten stellt. Daraus kann man auch den meiner Meinung nach größten Nachteil dieser Arbeitsform erschließen. Aufgrund der Komplexität der Arbeit und dem damit verbundenen Schwierigkeitsgrad ist diese Form der Arbeitsweise gerade bei jüngeren Schülern in der Schule mit Vorsicht zu genießen bzw. man benötigt eine exzellente Vorbereitung der Unterrichtseinheiten. Auch der Zeitfaktor erschwert den Einsatz der Zeitungserstellung zunehmend.

Natürlich bietet diese Arbeitsform aber auch enorme Möglichkeiten zur Weiterentwicklung der individuellen Fähigkeiten der Schüler aber auch Studenten. Nicht zuletzt die sehr starke Handlungsorientierung verstärkt das Interesse der Schüler/Studenten, da diese „Ko-Produzent,

---

[2] Vgl. Hans-Werner Kuhn: Mit Texten lernen: Textquellen und Textanalyse. In: Wolfgang Sander(Hrsg.): Handbuch politische Bildung. Bonn (2007). Seite 520

Ko-Konstrukteur des Lernprozesses"[3] sind und selbst sowohl äußere als auch innere Form Zeitung bestimmen können. Bei der inhaltlichen Arbeit tritt dabei besonders das produktive Gestalten in den Vordergrund, d.h. es findet eine „Verwandlung von Wissensaufnahme bzw. - abgabe in aktive Aufgabengestaltung"[4] statt. Zudem werden auch wichtige Aspekte wie Zeitmanagement, Teamwork oder auch Fremdverstehen gefördert, worauf ich an dieser Stelle aufgrund der Detailtiefe und der eigentlichen Problematik des Referates nicht weiter eingehen möchte.

Auch halte ich die Zeitung für eine gute Möglichkeit ein Plenum- egal ob in der Schule oder an einer Universität- mit einem Thema vertraut zu machen und vor allem ihr Interesse an diesem zu wecken, da die verschiedenen Möglichkeiten der Umsetzung (z.b. Interviews) dem Einzelnen auf verschiedenen Ebenen Ansatz- und Identifikationspunkte bietet.

Letztendlich hoffe ich, dass die immensen Möglichkeiten einer solchen kreativen Arbeit zum Vorschein gekommen sind und warum ich dieser Herausforderung auch im Rahmen eines akademischen Referates gestellt habe.

3. Reformvorhaben und externe Faktoren

3.1. Rahmenbedingungen

Nach den Ausführungen zur Arbeitsform mit der Gruppe innerhalb der Sitzung, möchte ich nun im Folgenden auf die eigentlichen inhaltlichen Schwerpunkte der Gesellschafts- und Sozialpolitik gerade unter Brandt aber auch Schmidt näher eingehen. Um die vielen und vor allem kostenintensiven Vorhaben überhaupt nachvollziehen zu können, muss man sich erst einmal die eigentlichen Rahmenbedingungen zu Beginn der ersten rot-gelben Legislaturperiode 1969 bewusst machen.

Bei Betrachtung der Regierungsfähigkeit der sozialliberalen Koalition muss man zu dem Schluss kommen, dass die neue Regierung Brandt von Beginn an großen Gefahren ausgesetzt war. So hatte Brandt bei der Kanzlerwahl am 21.Oktober 1969 gerade einmal 251 von 495 Stimmen und somit die Kanzlermehrheit erhalten. Auffallend dabei ist auch, dass noch nicht einmal alle Abgeordneten der Koalition für ihn votierten.[5] Hier sieht man bereits politischen Sprengstoff, der später auf die Erosion der Regierungsfähigkeit großen Einfluss haben und

---

[3] Sibylle Reinhardt: Handlungsorientierung. In: Wolfgang Sander(Hrsg.): Handbuch politische Bildung. Bonn (2007). Seite 147
[4] Ebd. Seite 146
[5] Vgl. Manfred Görtemaker: Kleine Geschichte der Bundesrepublik Deutschland. Frankfurt am Main (2002). Seiten 170 ff.

sich somit auch auf die Umsetzung der gesellschaftspolitischen Reformen negativ auswirken sollte.

Abgesehen von der nur knappen Mehrheit für die Koalition waren die gesellschaftlichen und wirtschaftlichen Voraussetzungen für eine intensive Reformpolitik überaus gut. Gerade die Auswirkungen der 68'-Bewegung waren deutlich zu spüren, so dass Arbeiter, Studenten und Frauen (etc.) nicht nur politisch wesentlich aktiver wurden, sondern eben auch diesen neuen Kurs zur Modernisierung der Gesellschaft und Überwindung der maroden Strukturen über Reformen stützten und unterstützten.[6] Die finanzielle Basis zur Umsetzung der angestrebten Reformen wurde vor allem durch den wirtschaftlichen Aufschwung Ende der 60' Jahre geschaffen, so dass auch in diesem Bereich insgesamt äußerst günstige Vorbedingungen geherrscht haben.[7]

3.2. „Mehr Demokratie wagen"

„Die Politik dieser Regierung wird im Zeichen der Kontinuität und im Zeichen der Erneuerung stehen"[8], so hat Willy Brandt die angestrebte Politik gerade auch im gesellschaftspolitischen Bereich beschrieben. Die Kontinuität sollte dahingehend herrschen, dass bereits unter der Großen Koalition in Gang gesetzte Reformmaßnahmen, wie der Reform des Betriebsverfassungsgesetztes, fortgeführt bzw. zum Abschluss gebracht werden sollten. Erneuerungen hingegen sollten im Bereich der Gesellschaftspolitik dahingehend erfolgen, dass es zu Erweiterungen der Bürgerrechte, einer Ausweitung der sozialen Leistungen und einer größeren Partizipation der Bevölkerung am politischen Leben kommt. Zusammengefasst wurden diese Vorhaben unter den Leitbegriffen „Mitverantwortung", „Soziale Demokratie", „Partizipation".[9] Diese äußerte sich u.a. in den Vorhaben den Arbeitnehmerschutz auszuweiten, das Wahl-, Ehe- und Familienrecht umzustrukturieren oder auch Benachteiligte intensiver zu fördern. Außerdem wurde ein Wandel der Werte- und Moralvorstellungen hinzu einer größeren Sensibilität für gesellschaftliche Verantwortung angestrebt.

---

[6] Peter Borowsky: Sozialliberale Koalition und ihre inneren Reformen. In: Informationen zur politischen Bildung (Heft 258). Seite 6
[7] Ebd.
[8] Regierungserklärung Seite 1
[9] Willy Brandt: Mehr Demokratie wagen: Innen- und Gesellschaftspolitik 1966 – 1974 (bearb. Von Wolther von Kieseritzky). Bonn (2001). Seite 41 ff.

4. Umsetzung der Reformen und Wandel der externen Faktoren

4.1. Konkretisierung der Maßnahmen

In den folgenden Monaten wurde intensiv an der Umsetzung verschiedener Reformpläne gearbeitet. Es ist an dieser Stelle nicht möglich auf den Verlauf jeder gewollten Reform einzugehen, so dass ich intensiver auf die wichtigsten, nämlich der Reform des Betriebsverfassungsgesetzes und die Reformen im Bereich der sozialen Sicherung eingehen werde. Warum viele Reformen auch aufgrund von äußeren Faktoren abgewandelt werden mussten bzw. sogar gescheitert sind, wird in Punkt 4.2. näher erläutert.

Viele Reformen im Bereich der sozialen Sicherung, die noch heute Gültigkeit besitzen, wurden unter der sozialliberalen Koalition durchgeführt. So hat man eine Rentenreform umsetzen können, die zur Flexibilisierung der Altersgrenze von 65 Jahren, zum Vorziehen der Rentenanpassung an die z.b. konjunkturellen Entwicklungen oder auch zu einer Ausweitung der Rentenberechtigung geführt hat.[10] Neben der Rentenreform wurden auch im Bereich der Krankenversicherung Maßnahmen zur Entlastung der Arbeitnehmer durchgeführt. Als größter Erfolg gilt dabei die Veränderung des Gesetzes zur Lohnfortzahlung im Krankheitsfall, so dass die Arbeitgeber dazu verpflichtet wurden bei Krankheit die ersten 6 Wochen das volle Gehalt weiterzubezahlen und erst im Anschluss daran die Krankenkassen 75% des Lohns übernommen haben.[11] Somit ist hier eine Ausweitung der Arbeitnehmerrechte aber auch eine Entlastung der Krankenkassen deutlich erkennbar. Auch die Gesetze zur Arbeitslosenhilfe wurden reformiert. So wurde u.a. das Arbeitslosengeld gesenkt und die Arbeitslosen wurden dazu gezwungen früher einen Job anzunehmen.[12]

Das stark diskutierte, umstrittenste aber wohl auch wichtigste Gesetz, das im Endeffekt auch nur in abgewandelter Form umgesetzt wurde, war das Betriebsverfassungsgesetz. Dabei war es das Ziel-vorrangig der SPD- das Mitbestimmungsrecht der Arbeitnehmer in Betriebsräten stark auszuweiten und die Position der Gewerkschaften zu stärken. Die angedachten weitreichenden Reformen konnten jedoch nur in abgeschwächter Form umgesetzt werden, da gerade aus der FDP und der Wirtschaft ein immenser Druck aufgebaut wurde. Die Gewerkschaften hingegen kritisierten die Koalition dahingehend, dass die Maßnahmen nicht weitreichend genug sind, auch wenn die DGB das neue Gesetz „als einen großen Schritt nach

---

[10] Borowsky Seiten 12 ff.
[11] Ebd.
[12] Wolfram Bickerich: Reformen Rückwärts. In: ders. : Die 13 Jahre. Reinbeck bei Hamburg (1982). Seite 54

vorn" bewertete.[13] Auch hier wurden wiederum die Einflussmöglichkeiten und die Partizipation der Arbeitnehmer an Prozessen in der Wirtschaft und der Politik gestärkt bzw. in einigen Bereichen sogar erst geschaffen.

Zu den wichtigeren umgesetzten Reformen zählt auch noch die Herabsetzung des Wahl- und Mündigkeitsalters von 21 auf 18 Jahre, wodurch gerade die junge Bevölkerung früher in die Pflicht genommen wurde. Gescheitert sind hingegen vor allem Maßnahmen zur Ausweitung von sozialen Leistungen, die allesamt auf die weitreichenden Veränderungen der Rahmenbedingungen zurückzuführen sind.

4.2. Verschlechterung der gesamtpolitischen und wirtschaftlichen Lage

Gerade in der Bevölkerung kam es schnell zu einem Stimmungswechsel nachdem einige Reformvorhaben schon 1969/70 verworfen werden mussten. Auch wenn Brandt immer wieder darauf hingewiesen hat, dass nicht alle Reformen von jetzt auf gleich umgesetzt werden können, kam es schnell zu einer starken Frustration innerhalb der Bevölkerung.[14] Auch wurden immer mehr Maßnahmen durch oppositionellen Widerstand aber auch Widerstände innerhalb der Koalition blockiert, wodurch sich der Pragmatismus schnell in Stagnation wandelte. Die wahrscheinlich größten negativen Auswirkungen auf die Reformvorhaben hatte jedoch der Wandel der wirtschaftlichen Bedingungen. Da „ein Großteil der Reformen […] auf […] kontinuierlichem wirtschaftlichem Wachstum und Stabilität"[15] beruhte, wirkte sich die Ölkrise Anfang der 1970' Jahre mit all den wirtschaftshemmenden Folgen umso extremer aus. Viele Reformen scheiterten so schlichtweg daran, dass sie nicht mehr finanziert werden konnten.

Alles in allem lässt sich also festhalten, dass der Wandel der externen Faktoren letztendlich einen großen Einfluss auf das vielschichtige „Scheitern" der Reformvorhaben gehabt hat.

5. Bewertung der Reformmaßnahmen aus heutiger Sicht

Während die zeitgenössischen Beurteilungen der gesellschaftspolitischen Reformmaßnahmen sehr kritisch ausgefallen sind, muss man die Reformen und gerade die Reformabsichten heute differenzierter bewerten. Auch wenn viele Reformen gescheitert sind (soziale Leistungen) oder nur in abgewandelter Form umgesetzt werden konnten (Betriebsverfassungsgesetz), so ist doch ein klarer Paradigmenwechsel hin zu sozialer Gerechtigkeit, Mitverantwortung und

---

[13] Borowsky Seiten 13 ff.
[14] Brandt Seiten 47 ff.
[15] Ebd. Seite 55

verstärkter Partizipation erkennbar. Bei der Bewertung darf man auch nicht vergessen, dass viele Gesetze die damals reformiert wurden, heute noch Gültigkeit besitzen oder zumindest Ausgangspunkt weiterer Reformen waren (Lohnfortzahlung im Krankheitsfall, Flexibilisierung der Rentenregelungen, Wahlrecht).

Auch wenn viele Reformen gerade wegen einer schlechten Finanzpolitik gescheitert, aber auch den zunehmend schwieriger werdenden Rahmenbedingungen zum Opfer gefallen sind, so lassen sich doch gerade die Absichten und eben jenes Umdenken als durchaus positiv beurteilen.

6. Reflexion der Gruppenarbeit

6.1. Erarbeitungsphase

Abschließend möchte ich noch einmal intensiver auf die Beurteilung der Gruppenarbeit und deren Ablauf eingehen. In der Erarbeitungsphase hat mich zunächst einmal die Begeisterung der Studierenden gegenüber dem „Projekt" Zeitung beeindruckt. Ich habe sicherlich damit gerechnet, dass der ein oder andere dieser sehr kreativen Arbeitsform gegenüber offen ist, aber dass die gesamte Gruppe ihr Bestes zum Gelingen beitragen wollte, habe ich so nicht erwartet. Somit glaube ich kann man analog durchaus zu dem Schluss kommen, dass auch den Schülern in der Schule eine solche Arbeitsform durchaus entgegenkommt.

Bei der Verteilung des Quellenmaterials ist mir jedoch schnell bewusst geworden, dass ich die schon stark gekürzten Materialien noch weiter hätte kürzen sollen, da einerseits die Einlese zeit nicht ausreichte und die Reduzierung auf das Wesentliche andererseits somit extrem erschwert wurde.

Grundsätzlich habe ich mir die Zielstellung gegeben, die Studenten möglichst selbstständig an äußerer Form und inhaltlicher Gestaltung arbeiten zu lassen (nur die einzelnen Aufgaben waren vorgegeben), auch wenn mir gleichwohl bewusst ist, dass man bei einer weniger motivierten Gruppe hier selbst mehr Vorschläge einreichen müsste. Die Motivation ging sogar soweit, dass die Studenten selbst noch zusätzlich zu meinem Material Bilder, Grafiken usw. zusammengetragen haben. Ich glaube an diesem Punkt ist gut erkennbar, wie stark die Eigenmotivation letztendlich gewesen ist.

6.2. Präsentationsphase

Bei der Präsentation an sich musste ich schnell feststellen, dass die inhaltlichen Aspekte der Gesellschaftspolitik unter Brandt zu Gunsten der Vorstellung der Zeitung zu kurz gekommen sind, so dass man sich hier überlegen müsste, wie man die Ausgewogenheit zwischen Vorstellung der Zeitung und ihrer Gestaltung und den inhaltlichen Aspekten besser gestalten könnte. Das Wecken des Interesses an der Zeitung ist uns glaube ich gut gelungen. Dies wurde nicht zuletzt dadurch garantiert, dass eines der Gruppenmitglieder sogar noch eine Onlineversion der Zeitung verfügbar gemacht hat.

Das Feedback innerhalb der Gruppe war insgesamt sehr positiv, so dass man feststellen kann, dass das eigenständige Arbeiten große Vorzüge bietet und sich auch nicht negativ auf die Sicherung des Wissenszuwachses auswirken muss.

Alles in allem war ich mit der Gestaltung und dem Ablauf der Sitzung zufrieden, auch wenn man natürlich gerade bei der erstmaligen Umsetzung einer solchen Arbeit viel Probleme, die im Detail liegen, im Vorhinein noch nicht erkannt hat. Besonders erfreut bin ich über die Tatsache, dass trotz oder gerade wegen der Arbeitsform die Vermittlung wichtiger inhaltlicher Aspekte der Gesellschafts- und Sozialpolitik während der sozialliberalen Koalition nicht zu kurz gekommen ist.

Bibliographie

Peter Borowsky: Sozialliberale Koalition und ihre inneren Reformen. In: Informationen zur politischen Bildung (Heft 258)

Wolfram Bickerich: Reformen Rückwärts. In: ders. : Die 13 Jahre. Reinbeck bei Hamburg (1982). S.44-64

Oswald von Nell-Breuning S.J.: Gesellschaftspolitik und soziale Sicherheit. In: Hans Dieter Kloss: Damit wir morgen leben können. Stuttgart (1972). S.39-49

Willy Brandt: Mehr Demokratie wagen: Innen- und Gesellschaftspolitik 1966 – 1974 (bearb. Von Wolther von Kieseritzky). Bonn (2001). S. 44- 71, 252 ff.

Manfred Görtemaker: Kleine Geschichte der Bundesrepublik Deutschland. Frankfurt am Main (2002)

Wolfgang Sander(Hrsg.): Handbuch politische Bildung. Bonn (2007).

Die großen Regierungserklärungen der deutschen Bundeskanzler von Adenauer bis Schmidt. Eingeleitet und kommentiert von Klaus von Beyme, München/Wien 1979, S. 251-281. Zitiert aus: http://www.dhm.de/lemo/html/dokumente/KontinuitaetUndWandel_erklaerungBrandtRegieru ngserklaerung1969/index.html